BEI GRIN MACHT SICH IHR WISSEN BEZAHLT

- Wir veröffentlichen Ihre Hausarbeit, Bachelor- und Masterarbeit

- Ihr eigenes eBook und Buch - weltweit in allen wichtigen Shops

- Verdienen Sie an jedem Verkauf

Jetzt bei www.GRIN.com hochladen und kostenlos publizieren

Bibliografische Information der Deutschen Nationalbibliothek:

Die Deutsche Bibliothek verzeichnet diese Publikation in der Deutschen National-
bibliografie; detaillierte bibliografische Daten sind im Internet über http://dnb.d-
nb.de/ abrufbar.

Impressum:

Copyright © 2017 GRIN Verlag
Druck und Bindung: Books on Demand GmbH, Norderstedt Germany
ISBN: 9783668771314

Dieses Buch bei GRIN:

https://www.grin.com/document/436990

Marie-Isabel Becker

Strategische Unternehmensführung. Praxis für Ernährungsberatung

Strategische Zielplanung, Analyse und Prognose, Strategieformulierung, Personalmanagement

GRIN Verlag

GRIN - Your knowledge has value

Der GRIN Verlag publiziert seit 1998 wissenschaftliche Arbeiten von Studenten, Hochschullehrern und anderen Akademikern als eBook und gedrucktes Buch. Die Verlagswebsite www.grin.com ist die ideale Plattform zur Veröffentlichung von Hausarbeiten, Abschlussarbeiten, wissenschaftlichen Aufsätzen, Dissertationen und Fachbüchern.

Besuchen Sie uns im Internet:

http://www.grin.com/

http://www.facebook.com/grincom

http://www.twitter.com/grin_com

Deutsche Hochschule für
Prävention und Gesundheitsmanagement
Hermann Neuberger Sportschule 3
66123 Saarbrücken

Hausarbeit (kollektive Prüfungsleistung)

Name, Vorname	Becker, Marie-Isabel
Modul	Strategische Unternehmensführung 1
Studiengang	Master of Arts Prävention- und Gesundheitsmanagement
Datum Präsenzphase	23.10.-26.10.2017
Studienort	Köln
Gruppe bzw. zu bearbei-tende Stadt	Dortmund
Unternehmenstyp*	**Praxis für Ernährungsberatung**

* abhängig von Aufgabenstellung: jeweils den zu bearbeitenden „Unternehmenstyp" eintragen

Inhaltsverzeichnis

1 DARSTELLUNG DER AUSGANGSSITUATION 4

1.1 Wahl des Standortes 4

1.2 Beschreibung des Unternehmenstyps 4

2 PHASE DER STRATEGISCHEN ZIELPLANUNG 7

2.1 Unternhemerische Vision / Mission / Grundwerte 7

2.2 Strategische Zielplanung 7

2.3 Branchenvergleich 8

3 PHASE DER STRATEGISCHEN ANALYSE UND PROGNOSE 10

3.1 Branchenstrukturanalyse 10

3.2 SWOT-Analyse 11

    3.2.1   Teilanalyse 12

    3.2.2   SWOT-Matrix 13

3.3 Zielplanung 14

4 PHASE DER STRATEGIEFORMULIERUNG 15

4.1 Strategieformulierung 15

4.2 Blue-Ocean-Strategie 16

5 PERSONALMANAGEMENT 16

5.1 Führungsverhalten 16

5.2 Recrutierung 17

6 LITERATURVERZEICHNIS 18

7 ABBILDUNGS- UND TABELLENVERZEICHNIS 20

7.1 Abbildungsverzeichnis 20

7.2   Tabellenverzeichnis..20

1 Darstellung der Ausgangssituation

1.1 Wahl des Standortes

Der Standort der Praxis für Ernährungsberatung direkt am künstlich angelegten Phoenix-See im Dortmunder Stadtteil Hörde. Der Phoenix-See ist ein seit 2011 stetig wachsender Bezirk. Die genaue Adresse der Praxis lautet Phoenixseestraße 12, 44263 Dortmund. Die Praxis liegt circa 9 Minuten Fußweg vom Bahnhof-Hörde entfernt (Google Maps, 2017d). Dieser bietet Anbindungen an Regionalverkehr, Buslinien und die U-Bahnverbindung der Stadtbahn Dortmund. Einige Parkmöglichekeiten (Parkflächen und -häuser) sind in unmittelbarer Nähe zum Parxisgebäude erreichbar (Google Maps, 2017e). Ein Fitnessstudio (Google Maps, 2017c) ist innerhalb von sechs Gehminuten und ein Facharztzentrum innehalb vier Minunten (Google Maps, 2017b) zufuß erreichbar und sind als mögliche Kooperationspartner denkbar. Der Standort wurde in Hinsicht auf die geringe Anzahl an Mitbewerbern gewählt. Ein Konkurenzunternehmen liegt in der Nähe, bietet jedoch eine eingeschränkte Leistungsauswahl an.

1.2 Beschreibung des Unternehmenstyps

Tab. 1: Mitarbeiter für die Praxis für Ernährungsberatung, eigene Darstellung

Anzahl	Stellung im Betrieb	Zuständigkeit
1	Führungskraft und Hauptverantwort-liche für Ernährungsberatung und -	• Leitung des Betriebes • Beratungen der Klienten mit Zusage auf

	coaching mit folgenden Ausbildungen/Qualifikationen: • B. A. Ernährungsberatung • M. A. Prävention und Gesundheitsmanagement	• Bezuschussung der Krankenkasse • Durchführung von Maßnahmen im betrieblichen Gesundheitsmanagement • Voträge zum Thema Gesundheit & Ernährung
1	Dualer Student Bachelor of Arts Ernährungsberatung mit einigen Weiterbildungen	• Beratungen ohne Krankenkassengehemigung • Vor- und Nachbereitung von Ernährungsberatungen • Auswertungen von Ernährungsprotokollen • Vereinbaren und koordinieren von Terminen, durchführen von Infoterminen • Vorträge zum Thema Ernährung

Tab. 2: Strategische Geschäftsfelder mit Begründung, eigene Darstellung

Strategische Geschäftsfelder	Begründung

Individuelle Ernährungsberatung oder -coaching bei:
• Gesundheitsorientieren Personen
• Amateur- und Leistungssportlern
  • Ausdauersportler: Läufer, Radfahrer, Triathleten
  • Kraftsportler: Bodybuilder, Crossfitter, Fitnessorientierte
Ernährungstherapie bei Erkrankungen:
• Übergewicht / Adipositas
• Nahrungsmittelunverträglichkeiten und -intoleranzen
  • Fructose- & Lactoseintoleranz, Histamin- & Weizenunverträglichkeit
• Allergien und Kreuzallergien
• Diabetes mellitus Typ I & II
• Insulinresizenz
• Magen- Darmerkrankungen
• Herz-Kreislauferkrankungen
• PCO-Syndrom
• Rheuma
• Migräne
• Osteoporose
• Fettstoffwechselstörungen
Betriebliche Gesundheitsförderung:
• Gesundheitstage
• Workshops
	Um eine möglichst hohe Anzahl an Klieten zu gewinnen, ist der Leistungsumfang breit gefächert. Für die Generierung diverser Personengruppen, bezieht sich das Geschäftsspektrum nicht nur auf die Gesundheit im Privatleben. Auch die im Arbeitskontext vorkommenden Probleme sollen durch das Angebot für Betriebe mit eingenommen werden. Die Absicht auch Sportler in den Geschäftsfeldern zu intigieren zeigt eine Nische, welche die meisten gängigen Konkurenzunternehmen nicht abdecken.

Tab. 3: Dienstleistungen mit Begründungen, eigene Darstellung

Dienstleitungen	Begründung
Ernährungsberatung und Ernährungstherapie bei Erkrankungen im Einzelcoaching	Durch eine Kooperation mit Krankenkassen ist es dem Ernährungsberater/DGE möglich, Klienten mit Erkrankungen zu therapieren. Hierfür wird eine Notwendigkeitsbescheinigung von einem Arzt benötigt. Durch die Möglichkeit der Erbringungen von Leistungen im §43 SGB V (SGB, 2017), muss der Klient nicht für den gesamten Preis aufkommen. Die gesetzlichen Krankenkassen übernehmen in der Regel einen Teil der Kosten (50%-100%).
Gruppencoachings	Ziel von Kursen in Kleingruppen (mindestens 8, jedoch nicht mehr als 12 Personen) ist es, eine langfristige Steigrung des Gesundheitsbewusstseins und eine erhöhung der Lebensqualität, sowie des Wohlbefindens zu erzielen. Eine Optimierung des Ernährungsvverhaltens durch Wissensvermittlng und Alltagsstrategien im Ausstausch mit Anderen führt zu einer Gruppendynamik. Offene Fragen, Erfahungen und bisher bewältigte Probleme können innerhalb der Gruppe angeregt werden (Luppa, 2015, S. 73).
Bio-Impedanz-Analyse-Messungen	Durch die Möglichkeit der Körperzusammensetzungsanalyse lassen sich Erfolge und Misserfolge während des Coachings dokumentieren. Desweiteren können mithilfe von Darstellungen der Ist-Zusant und eventuelle Defizite deutlich gemacht werden. Sowohl bei Indiviualberatungen, als auch bei Gruppentreffen ist es sinnvoll Veränderungen zu dokumentieren.
Ernährungsbertaung im Einzelcoaching	Durch individuelle Betreuung in Einzelgesprächen kann besonders auf Vorlieben, Sportarten und deren ernährungsspezifische Situation eingegangen werden. Speziell bei leistungsorientierten Sportlern ist ein solches Coaching sinnvoll, um auf Ziele und Strategien im Ernährungsverhalten einzugehen. Die Bindung von Klient und Berater/Coach wird hier-

	bei besonders gestärkt.
Ernährungspläne (enthalten in Einzelcoachings, Einzelbera- tungen und Einzeltherapien)	Erstellung von individuellen Ernährungsplänen (Tages- und Wochenpläne). Vorschläge zur Zube- reitung von Mahlzeiten und Rezepte werden auf alltagsbezogene Situationen in Beruf und Privat- leben gemeinsam mit den Klienten erarbeitet.

2 Phase der strategischen Zielplanung

2.1 Unternhemerische Vision / Mission / Grundwerte

Tab. 4: Vision, Mission, Grundwerte, eigene Darstellung

Vision	Mission	Grundwerte
eat smart – get clean – be vital. Der Weg zu einem gesunden Leben.	Wir zeigen der Gesellschaft mit leckerem Esen einen cleveren Weg zum Umden- ken im Thema Erährung	• Individuelle Betreuung • Respekt und Wertschät- zung gegenüber Klienten und Mitbarbeitern • Motivation und Faszinati- on beim Klieten hervorru- fen • Dauerhaftes, effizientes Coaching und Kollektiv- arbeit gewährleisten • Dem Klienten Empathie, Akzeptanz und Anerken- nung vermitteln

2.2 Strategische Zielplanung

Ziel der Praxis für Ernährungsberatung ist es, innerhalb der nächsten 3 Jahre ein etab- liertes, angesehenes und das marktführendes Unternehmen im Bereich der Ernährungs- beratung in Dortmund zu sein. Vorallem durch eine Kooperation mit den in der Nach- barschaft ansässigen Ärzten ist es denkbar, durch die Generierung von 100 Klienten im ersten Jahr den Break-Even-Point zu erreichen. Desweiteren ist die Zusammenarbeit im Bereich der betrieblichen Gesundheitsförderung mit großen Firmen, Konzernen, aber auch Schulen und Kindertagesstätten in der Nähe ein nennenswerter Punkt um zum Ziel zu gelangen. Zudem ist es vorgesehen, in Fitnessstudios Gruppenkurse zu integrieren um auch eine breite Masse an Leuten von einem Umdenken in der Ernährung zu überzeugen.

2.3 Branchenvergleich

Tab. 5: Branchenvergleich, eigene Darstellung

	Praxis für Ernährungsberatung	Ernährungsberatung und -therapie „ess" Stephanie Siegert	Therapiezentrum „easylife"
Vision	eat smart – get clean – be vital. Der Weg zu einem gesunden Leben.	„Ernährung macht Spaß und schafft Lebensqualität, 2017)."	„Leicher durchs leben. Erfolgreich abnehmen (easylife, 2017),"
Mission	Wir zeigen der Gesellschaft mit leckerem Esen einen cleveren Weg zum Umdenken im Thema Erährung	„Ihnen zu mehr Lebensqualität verhelfen ohne Ihnen den Spaß am Essen zu nehmen (Siegert, 2017)."	„Menschen schlank, gesund und glücklich zu machen (easylife. 2017)."
Grund-werte	• Individuelle Betreuung • Respekt und Wertschätzung gegenüber Klienten und Mitbarbeitern • Motivation und Faszination beim Klieten hervorrufen • Dauerhaftes, effizientes Coaching und Kollektivarbeit gewährleisten • Dem Klienten Empathie, Akzeptanz und Anerkennung vermitteln • Tatkrätiges Beiseitestehen zum erreichen und langfristiges erhalten der Ziele	• „Ernährungsberatung nach Maß, statt standardisierter Programme • Langfristiger Erfolg • Optimiertes, alltagstaugliches Essverhalten • differenzierten Ernährungsgewohnheiten • Auf Wünsche eingehen • persönliche Ziele erreichen (Siegert, 2017)."	• „Liebevolle Betreuung durch qualifiziertes Team • Höhenflüge von Physis und Psyche anhalten lassen und so dazu beitragen, die Gewichtsabnahmene voranzutreiben • Für lang vermisste Lebensfreunde, ungekannte Vitalität und ein unbeschwertes Leben (easylife, 2017)."

Über-einstim-mungen	• Verantwortung Menschen einen gesunden Lebensweg durch eine Optimierung der Ernährung nahe zu Bringen. • Dem Klienten enge Zusammenarbeit und Betreuung gewährleisten • Klienten zum langfristigen Erfolg begleiten		
Unter-schiede	In der Praxis für Ernährungsbe-ratung wird eine breite Vielfalt an Wünschen und diversen Ernäh-rungsformen angeboten. So ist Jedermann in jeder Lebenspha-se ein potentieller Kunde. Be-sonders die Sporternährung liegt uns am Herzen.	Eingeschränkte Bera-tung in der Ernährungs-therapie. Nichts alle Erkrankungen, welche gegebenenfalls eine Therapie erfodenr wer-den gewährleistet. Keine Beratung von Sportlern.	Das Therapiezent-rum easylife ist als reines Abnehmzent-rum anzusehen. Zwar wird auch auf Vorerkrankungen eingegangen, jedoch liegt der Dokus stark auf abnehmen. Es hadelt sich um ein Franchise-Unternehmen. Keine Sportlerbera-tung

3 Phase der strategischen Analyse und Prognose

3.1 Branchenstrukturanalyse

In Dortmund gibt es einige Mitbewerber, deshalb sollte der Umkreis des Unternhemens unter die Lupe genommen werden. Hierfür ist eine Branchenstrukturanalyse mithilfe des Five-Foces-Modell nach Porter sinnvoll. Nachfolgend wird auch die fünf Kräfte eingegangen:

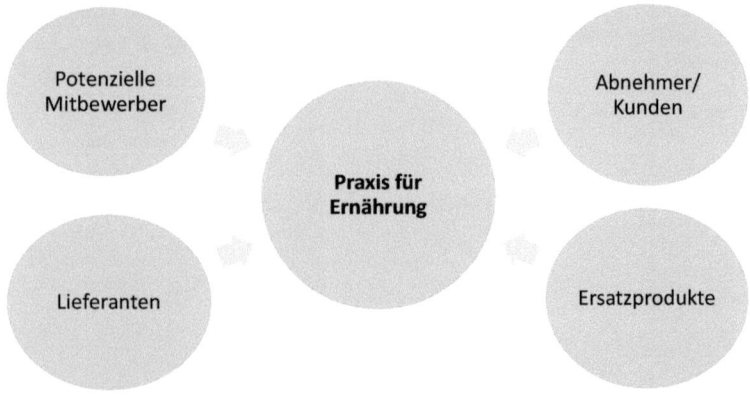

Abb. 1: Five-Forces-Modell nach Porter, eigene Abbildung

Tab. 6: Five-Forces-Modell nach Porter, eigene Darstellung

Potenzielle Mitbewerber	Durch die Vielfalt an Mitbewerben in Form von Ernährungspraxen, Krankenhäusern und Fitnessstudios mit Ernährungsberatung oder auch Rehabilitationseinrichtungen mit eigenen Ernährungsexperten könnten einige Klienten sich an diese Richten. Jedoch ist die riesen Vielfalt des Angebotes der Praxis für Ernährung ein riesen Plus für die Etablierung am Markt.
Lieferanten	Haben keinen oder nur sehr geringen Einfluss auf das Unternehmen. Durch die Vorschriften für einen Ernährungsberater/DGE ist es nicht Möglich mit Nahrungsergänzungsmitteln oder

	anderen Produkten zu arbeiten. Im Falle eines Sportlercoachings und deren Mehrbedarf an Nährstoffen, kann bei Problemen oder Kostenzuwachs durch ein riesen Angebot in diesem Bereich schnell der Lieferant gewechselt werden.
Abnehmer / Kunden	Durch die Möglichkeit verschieden viele Beratungseinheiten (Einmalig bis hin zur Coaching-Flatrate) zu buchen, hat der Klient die Möglicheit zum schnellen Ausstieg aus dem Coaching. Dies bietet die Gefahr, Klienten zu verlieren. Durch verschiedene Angebote, wie die BIA-Messungen können die Klieten allerdings am weiteren Verlauf eines Coaching Interessiert sein und sich für längerfristiges Coaching entscheiden.
Ersatzprodukte	Internetanbieter, die vielversprechende Ernährungspläne anbieten ohne Terminvereinbarung und eventuell sogar kostenfrei. Oft sind Klieten allerdings mit dem großen Angebot im Internet überfodert. Es gibt mehrere hundert Diäten. Diese Pläne erfassen nicht den individuellen Bedarf des Klienten und werden nicht nach Maß dem Klienten angepasst.

3.2 SWOT-Analyse

Um eine der populärsten Analysemethoden im Zusammenhang mit Markt-Wettbewersanalysen durchzuführen werden Stäkren, Schwächen, Chancen und Risiken aufgezeigt. Dies wird kurz SWOT-Analyse genannt.

3.2.1 Teilanalyse

Zuerst wird die Umwelt des Unternhemens in Hinblick auf Chancen und Gefahren analysiert:

Tab. 7: Chancen- und Risikenanalyse, eigene Darstellung

Chancen	• Neue Klientengenerierung durch Zusammenarbeit mit Sportlern
	• Durch hohe Medienpräsenz im Internet den Wettbewerb konkurrieren (soziale Netzwerke, Kommunikation und Reklame)
	• Kooperation mit Fachartztzentrum
	• Zusammenarbiet mit Fitnessstudios
	• Betriebliches Gesundheitsmanagement
Risiken	• Wettberb mit ähnlichem Angebot
	• Keine Kundenbindung durch lange Mitgliedschaftsvereinbarungen
	• Ernährungspläne und -programme aus dem Internet
	• Konkurrenzdruck durch die Möglichkeit auf weitere, neue DGE-Qualifizierte Ernährungsberater

Im zweiten Schritt werden die Stärken und Schwächen für die Praxis für Ernährung intern analysiert:

Tab. 8: Stärken- und Schwächenanalyse, eigene Darstellung

Stärken	• Qualifiziertes Personal (DGE)
	• Krankenkassenkooperation
	• Hohe Affinität zu Sporternährung
	• Aspekt der echten Lebensmittelauswahl
	• Individualbetreuung
	• Geringe Personalkosten
	• Hohe Motivation der Mitarbeiter
Schwächen	• Wenige Mitarbeiter
	• Erreichen der richtigen Zielgruppe
	• Unbekanntes Unternehmen
	• Geringe Aufstiegschancen

3.2.2 SWOT-Matrix

Tab. 9: SWOT-Analyse, eigene Darstellung

	Externe Analyse	
SWOT-Analyse	**Chancen** (Opportunities	**Risiken** (Threats)
Stärken (Strengths)	S-O-Strategien: Durch die Zusammenarbeit mit Fitnessstudios kann ein großer Markt generiert werden. Die Ernährungsexperten in Fitnessstudios sind oft ungenügend Ausgelbildet, was zu einer Unzufriedenheit des Kunden mit der Beratung und sogar zur Kündigung füren kann. Mit Hilfe eines top qualifizierten Ernährungsberaters können sowohl das Fitnessstudio, als auch die Praxis für Ernährung von der Zufridenheit der Kunden profitieren. Zum einen durch Mund-zuMund-Propaganda, zum anderen durch gegenseitige Provisionen oder gemeinsame Werbemaßnahmen. Zudem kann das Studio an Kosten für einen eigenen Ernährungsexperten sparen. Da die Qualifikation Ernährungsberater/DGE eine Kooperation mit Ärzten und Zuschüssen von Krankenkassen beeinhaltet, ist es nur eine Frage der Sympathie zischen Arzt und Berater und letztendlich der Zufreidenheit der Klieten mit der Beratung. Durch die kostengünstigen, manchmal sogar kostenfreien Möglichkeiten Werbungen im Internet zu schalten, kann eine riesige Reichweite erschlossen werden und Interessenten aus siversen Bereichen erreicht werden.	S-T-Strategien: Um nicht hinter den Onlineangeboten diverser Marktführer im Bereich Ernöhrung hintenan zu stehen, heißt es selbst die Intitative zu Onlinecoachings zu ergreifen. Durch diese neugewonnene Flexibilität können nicht nur Ortsansässige von der qualifizierten Beratung profitieren. Auch für Sportler unterwegs, auf Wettkämpfen oder im Ausland ein super Tool, um sich von dem in der Umgebung befindlichen Wettbewerb abzuheben. Die Möglichkeit Kostensenkung einzelner Beratungsstunden für den Klienten ist über eine Coaching-Flatrate oder ähnlichen Mitgliedschaftsvereinbarungen Zukunft angedacht.

Interne Analyse (Zeilenbeschriftung vertikal links)

Schwächen	W-O-Strategien:	W-T-Strategien:
(Weaknesses)	Um ein rasches etablieren des Unternehmens in Dortmund zu sichern, sind einige Marketingstrategien zu beachten. Diese lassen sich durch soziale Medien, auch in Wochenblättern und weitere Werbung lösen. Besonders in den Boom-Zeiten der Branche, Januar bis März, sollte ein großes Augenmerk auf eine stetige Präsenz in der Zielgruppe gewährleistet sein. So kann man Ausgaben von Sportlerverbänden oder Vereinen kleine Werbungen schalten. Desweiten sind die Kooperationen mit Studios und Krankenkassen ein Vorteil zur Erreichung der Zielgruppen. So können etwa bei Sportstudios und Sportmedizinern andere Werbematerialien als bei Diabetologen ausgelegt werden. Bei großer Nachfrage nach Coaching, sowie Maßnamen im betrieblichen Gesundheitsmanagement müssen weitere Mitarbeiter recrutiert werden. Dies ist mit Anerkennungspraktikanten für das duale Studium bei der DHfPG schnell zu lösen. Zudem bietet sich die Möglichkeit Freiberufler für solche Engpässe zu engagieren.	Das Vorhandensein der Konkurrenz kann für neue Unternehmen Erschwernisse aufzeigen. Es sollte Kollegial miteinander umgegangen werden und eine aggressiver Wettstreit vermieden werden. Verdrängung durch hohe, innovative Medienpräsenz kann den Mitspielern potentielle Klienten nehmen und das Unternhemen wachsen lassen. Durch ein solches Wachstum im Unternehmen können neue Arbeitsplätze geschaffen werden und der Druck durch weitere hochqualifizierte Ernährungsberater/DGE selbst erschlossen werden.

3.3 Zielplanung

Die Ziele des Unternehmens Praxis für Ernährung sind absolut rational durchdacht und realisierbar. Durch die zwar vorhandene Ernährungspraxen in der Umgebung ist ein Mitbewerb präsent, jedoch nicht in allen Angeboten des Unternehmens übereinstimmend. So sind Beratungen mit der Absicht auf Abnehmen oder Körpergewichtsreduktion die häufigste Übereinstimmung. Die Coachings für Amateur- sowie Leistungs und Hochleistungssportler sind nicht deren Spezialgebiete. Um rasche Marktpräsenz und -durchdringung zu erzielen, ist die Zusammenarbeit mit einem Marketingexperten sinnvoll. Bei etwaigem Wachstum des Unternehmens ist eine Aufteilung marketingrelevanter Aufgaben unter den Mitarbeitern aufzuteilen oder über eine Einstellung eines solchen Mitarbeiters vorzustellen. Eventuell sind weitere Personalkosten durch eine hohe Anfrage zu erwarten. Durch andauernde Fort- und Weiterbildungen sind die Mitarbeiter in Ihren jeweiligen Spezialgebieten zu ünterstützen.

4 Phase der Strategieformulierung

4.1 Strategieformulierung

Verschiedene Strategien auf drei Ebenen können in einem Planungssystem für die Praxis für Ernährungsberatung formuliert werden: Unternehmensebene, Geschäftsebene und Funktionsebene

Tab. 10: Strategieformulierung, eigene Darstellung

Unternehmensebene	Nach einer Analyse der Produkt- bzw. Dienstleistungsbereiche lässt sich feststellen, dass es sich um eine Wachstumsstrategie handelt. Die oberste Zielsetzung dieser Strategie ist es, die Wettbewerbsposition in der Unternehmung zu verbessern und Marktanteile zu gewinnen (Schumann, 2017, S. 155). Da es sich um bestehende Märkte handelt, kann durch durch die Möglichkeit der Erhöhung des eigenen Marktanteils gegenüber der Konkurrenz eine Marktdurchdringung relevant werden (Simon & von der Garthen, 2010, S.29).
Geschäftsebene	Nach der Analyse der strategischen Geschäftsfelder im Bezug auf die Geschäftsebene bezogen, stellt sich heraus, dass es sich um eine Differenzierungsstrategie handelt. Durch den Fokus darauf, sich von Mitbewerbern zu unterscheiden und durch den Kunden wiedererkannt zu werden erfodert es mindestens ein Alleinstellungsmerkmal (Venzin et al., 2010, S. 185 ff). Die Praxis für Ernährungsberatung unterscheidet sich in Hinsich auf die Vielfältigkeit der Angebote und die Qualifizierung Ernährungsberaterin/DGE von den anderen Mitbewerben und bietet die Kooperation mit dem Facharztzentrum.
Funktionsbereichebene	Durch die Festlegung der Wachstumsstrategie in der Unternehmenseben und der Differenzierungsstrategie auf Geschäftsebene können nun Maßnahmen zur Umsetzung der

Strategien erlassen werden. Die ersten Handlungen sollten im Bereich Marketing geschehen. Denn um ein Unternehmen aufzubauen und es wachsen zu lassen, muss es erst einmal bekannt werden. Besonders sollten man auf die Differenzierung aufmerksam machen und diese Informationen deutlich erkennbar zum Audruck bringen.

4.2 Blue-Ocean-Strategie

Es lässt sich siet einigen Jahren eine steigende Tendenz hin zu erhöhtem Umweltbewusstsein und die Nahfrage nach ökologisch- und biolgisch angebauten Lebenmittel verzeichenen (Moewius, J. et al., 2017, S. 3). Durch dieses Bewusstsein können weitere Angebote von der Praxis für Ernährungsbertaung eine Nachfrage zu erzeugen.. Es wird in Lehrküchen saisonal gekocht, was vorher auf dem Hof geernet oder sogar selbst das ganze Jahr versorgt oder angebaut wurde. Ein Coaching Rund ums Jahr mit dem Anbau verschiedener, echter, biologischer Lebensmittel. Es wäre eine Kooperation mit Superbiomärken oder sogar Bauernhöfen denkbar, um die Echtheit der Lebensmittel direkt ab Hof aufzuzeigen. Ebenso kann ein Einkaustraining in solchen Märkten durchgeführt und den Klieten eine cleane Ernährungsweise aufzuzeigen.

Desweiteren können in Kooperation mit einem Fitnessstudio selbstgemachte, wechselnde Snacks mit den notwendigen Nährstofflieferanten zur Verfügung gestellt werden. Es kann extakt nach einem Wochenkusplan und jeweiligen Fitnesskursen abgestmmit werden, die Nachfrage nach einer Energieschub- oder Muskelschutzmahlzeit stellt sich dann nicht mehr. Es handelt sich hierbei um einen blauen Ozean in einem etablierten Unternehmen und es ist keine Strategie um mit dem Wettbewerb zu konkurrieren, sondern neue Markträume zu erschaffen.

5 Personalmanagement

5.1 Führungsverhalten

Malik 2013 schrieb, dass das Führungsverhalten sowohl an den Erfordernissen des Unternehmens, als auch an den Bedürfnissen der Menschen ausgerichtet sein soll Weitere Erwatungen an eine Führungskraft (zitiert nach Schuhmann, 2017, S. 266):

- Ziele für das Unternehmen haben
- Entscheidungen treffen können

- Kontrolle über Kosten im Unternehmen und Mitarbeiter
- Schwächen erkennen und Stärken fördern (von Mitarbeitern)
- Angebrachter und ehrlicher Umgang mit Kunden und Mitarbeiten
- Vertrauen in sich selbst und seiner miitarbeiter

Alles in Allem würde ich einen coachenden Stil erwarten und diesen selbst als Führungskraft in einem solchen Unternehmen für Ernährungsberatung bieten.

5.2 Recrutierung

Da die Möglichkeit der Personalbeschaffung intern oder extern besteht und es diverse Vor- und Nachteile gibt, kann man durch eine kurze Bewertung der Personalbeschaffung nach Horsch, 2000, S. 58 (zitiert nach Klimecki & Gmür, 2001, S. 163) eine Entscheidung treffen. Da es sich bei der Praxis für Ernährungsberatung um ein neues Unternhemen handelt, wird ein Mitarbeiter über das Internet auf einschlägigen Websites oder über die Ruhrnachrichten (Dortmunder Regionalzeitung) gesucht. Die Bewerber werden hauptsächlich nach Qualifikationen und einem kurzen Telefonat zu einem persönlichen Gespräch und je nach größe des Unternehmens zum Assessment Center oder anderen Testverfahren eingeladen. Durch den hohen Aufwand lohnt es sich allerdings für die Praxis für Ernährungsberatung nicht (Schumann, 2017, S. 232).

6 Literaturverzeichnis

Google Maps (2017a). Google Maps Karte zur Standortwahl. Zugriff am 06.12.2017. Verfügbar unter https://www.google.com/maps/d/edit?hl=de&mid=1r_agwolKa5FRmnZ2k-_w7uPaq2gX6Xq0&ll=51.49182463384655%2C7.509277478109766&z=15

Google Maps (2017b). Fußweg von Praxis zum Facharztzentrum. Zugriff am 06.12.2017. Verfügbar unter https://www.google.de/maps/dir/Am+Kai+14,+44263+Dortmund/Phoenixseestra%C3%9Fe+12,+44263+Dortmund/@51.4894916,7.5061117,17z/am=t/data=!4m14!4m13!1m5!1m1!1s0x47b91706a5b11fab:0xacf846f14f3eb94f!2m2!1d7.5069632!2d51.4903734!1m5!1m1!1m1!1s0x47b9170107a8bd93:0x6d2e84d12d3eed99!2m2!1d7.5096332!2d51.488534!3e2

Google Maps (2017c). Fußweg Praxis zum Fitnessstudio.Zugriff am 06.12.2017. Verfügbar unter https://www.google.de/maps/dir/Phoenixseestra%C3%9Fe+12,+44263+Dortmund/Hafenpromenade+1-2,+44263+Dortmund/@51.4902309,7.5049735,17z/data=!3m1!4b1!4m14!4m13!1m5!1m1!1s0x47b9170107a8bd93:0x6d2e84d12d3eed99!2m2!1d7.5096332!2d51.488534!1m5!1m1!1s0x47b9170436ce6a4d:0x457c59da914f374!2m2!1d7.5053986!2d51.4919212!3e2

Google Maps (2017d). Fußweg Praxis zum Bahnhof-Hörde.Zugriff am 06.12.2017. Verfügbar unter https://www.google.de/maps/dir/Phoenixseestra%C3%9Fe+12,+Dortmund/H%C3%B6rder+Bahnhofstra%C3%9Fe,+Dortmund/@51.48856,7.500603,16z/data=!3m1!4b1!4m14!4m13!1m5!1m1!1s0x47b9170107a8bd93:0x6d2e84d12d3eed99!2m2!1d7.5096332!2d51.488534!1m5!1m1!1s0x47b91707d96e30c7:0x74a50cef5b4a80a6!2m2!1d7.5007793!2d51.4881759!3e2

Google Maps (2017e). Fußweg zum Parkhaus am Phoenix See. Zugriff am 06.12.2017. Verfügbar unter https://www.google.de/maps/dir/Phoenixseestra%C3%9Fe+12,+44263+Dortmund/Parkhaus+am+Phoenixsee,+Phoenixseestra%C3%9Fe+3,+44263+Dortmund/@51.4886454,7.5065163,17z/data=!3m1!4b1!4m14!4m13!1m5!1m1!1s0x47b9170107a8bd93:0x6d2e84d12d3eed99!2m2!1d7.5096332!2d51.488534!1m5!1m1!1s0x47b917012c03b43d:0x8bdddd46e7b702f9!2m2!1d7.5077723!2d51.4884734!3e2

Kirchele M. (2017). easylife. Zugriff am 06.12.2017. Verfügbar unter https://www.easylife.de/ueber-easylife

Luppa, D. (2015). Studienbrief Konzepte und Strategien der Ernährungsberatung. Saarbrücken: Deutsche Hochschule für Prävention und Gesundheitsmanagement.

Moewius, J., Röhrig, P., Schaak, D., Diekhaus, H. (2017). Zahlen. Daten. Fakten. Die Bio-Branche 2017. *BÖLW*, 1-30.

Sozialgesetzbuch (2017). Sozialgesetzbuch. Zugriff am 06.12.2017. Verfügbar unter http://www.sozialgesetzbuch-sgb.de/sgbv/43.html

Schumann, O. (2017). Studienbrief Strategische Unternehmensführung I. Unveröffentlichtes Studienmaterial der Deutschen Hochschule für Prävention und Gesundheitsmanagement (rev.17.032.000). Saarbrücken: Deutsche Hochschule für Prävention und Gesundheitsmanagement

Simon, H., von der Garthen, A. (2010). Das große Handbuch der Strategieinstrumente: Werkzeug für eine erfolgreiche Unternehmensführung. (Aktualisierte Auflage). Frankfurt am Main: Campus Verlag GmbH.

Steigert, S. (2017). ess. Zugriff am 06.12.2017. Verfügbar unter http://ess-do.de/

Venzin, M., Rasner, C. & Mahne, V. (2010). Der Strategieprozess: Praxishandbuch zur Umsetzung im Unternehmen. Frankfut am Main: Campus Verlag GmbH.

7 Abbildungs- und Tabellenverzeichnis

7.1 Abbildungsverzeichnis

Abb. 1: Five-Forces-Modell nach Porter, eigene Abbildung 10

7.2 Tabellenverzeichnis

Tab. 1: Mitarbeiter für die Praxis für Ernährungsberatung, eigene Darstellung 4
Tab. 2: Strategische Geschäftsfelder mit Begründung, eigene Darstellung 5
Tab. 3: Dienstleistungen mit Begründungen, eigene Darstellung 6
Tab. 4: Vision, Mission, Grundwerte, eigene Darstellung 7
Tab. 5: Branchenvergleich, eigene Darstellung 8
Tab. 6: Five-Forces-Modell nach Porter, eigene Darstellung 10
Tab. 7: Chancen- und Risikenanalyse, eigene Darstellung 12
Tab. 8: Stärken- und Schwächenanalyse, eigene Darstellung 12
Tab. 9: SWOT-Analyse, eigene Darstellung 13
Tab. 10: Strategieformulierung, eigene Darstellung 15

BEI GRIN MACHT SICH IHR WISSEN BEZAHLT

- Wir veröffentlichen Ihre Hausarbeit,
  Bachelor- und Masterarbeit

- Ihr eigenes eBook und Buch -
  weltweit in allen wichtigen Shops

- Verdienen Sie an jedem Verkauf

Jetzt bei www.GRIN.com hochladen und kostenlos publizieren